Dieses Buch gehört:

Anna Böhm ist 1975 in Berlin geboren, wo sie noch immer mit ihrer Familie lebt. Sie war am Theater tätig, studierte Drehbuch und arbeitet seither als Autorin. Für Deutschlandradio Kultur hat sie zahlreiche Hörspiele und Kindergeschichten geschrieben. Als Fabelwesen hätte sie gern einen Drachen, der ihr beim Schreiben hilft und gleichzeitig einen tollen Fußwärmer abgibt.

Susanne Göhlich, geboren 1972 in Jena, lebt mit ihrer Familie in Leipzig. Neben dem Studium der Kunstgeschichte begann sie zu zeichnen. Dabei ist sie dann auch geblieben. Inzwischen arbeitet sie als freie Illustratorin und Autorin für Kinderbuchverlage und Magazine wie »Medizini« und »Gecko«.

Anna Böhm

Emmi & Einschwein

Lesen macht lustig

Mit Bildern von Susanne Göhlich

Verlag Friedrich Oetinger · Hamburg

Inhalt

1. Hungrig am Sonntag

Emmi und Einschwein haben Ferien. Wie
schön! Gerade sind sie dabei, sich aus
Decken eine kuschelige Höhle zu bauen.
Einschwein ist Emmis Fabelwesen und die
beiden wohnen in Wichtelstadt. Dort ist es
so: Wer zehn Jahre alt wird, bekommt sein
eigenes Fabelwesen.
Na, und Emmi ist schon zehn und hat eben
ihr liebes Einschwein. Es sieht zwar aus wie
ein normales kleines Schwein. Aber auf der
Stirn hat es ein goldenes
Horn. Genauso ein
Horn, wie Ein-
hörner haben.

Als die Höhle fertig ist, ruft Einschwein: „Das ist die beste, feinste Höhle, die es je geben kann."

Die beiden wollen hineinkriechen, aber da kommt Papa ins Zimmer. Er hält die Hände hinter dem Rücken. „Ich habe eine Überraschung", sagt er fröhlich.

Neugierig rennen Emmi und Einschwein auf Papa zu.

„Was ist es?", ruft Einschwein.

Mit einem Lächeln holt Papa die Überraschung hervor. Es ist ein dickes Buch.

„Das habe ich für dich aus der Bücherei ausgeliehen, Einschwein", sagt er.

„Och, Papa!", ruft Einschwein enttäuscht.

„Das ist ja nur ein Buch."

„Genau", sagt Papa stolz.

„Aber ich kann doch gar nicht lesen", sagt Einschwein.

„Eben", sagt Papa. „Deshalb wäre es gut,
wenn du in den Ferien ein wenig übst."
„In den Ferien will ich lieber Ferien machen,
weißt du?", sagt Einschwein.

Freundlich hält Papa ihm das Buch hin.
„Wie wäre es, wenn du es einfach mal ver-
suchst?"
„Wie wäre es, wenn ich einfach mal Kekse
zaubere?", fragt Einschwein zurück. Mit seinem Horn kann es nämlich Essen zaubern.
Aber Papa will keine Kekse. „Einschwein!
Ich würde mich freuen, wenn du Lesen
übst."
„Wenn du dich davon
freust, Papa, kann ich
es ja machen", sagt
Einschwein. Es ist
nämlich ein sehr
nettes Schwein.
Nun schlägt es das
Buch ganz hinten
auf.

Erstaunt sieht Emmi zu. Sie kann nämlich
schon sehr gut lesen. Aber Einschwein fällt
es noch ganz schön schwer.

„Warum liest du nicht von vorn?", fragt
Emmi.

„Emmilein, vom Anfang bis zum Ende ist es
viel zu lang", sagt Einschwein.

Emmi verzieht das Gesicht. „Man muss das
ganze Buch lesen. Sonst ist es Quatsch!"

Erschrocken reißt Einschwein die Augen auf.

„Aber in einem ganzen Buch sind ja mehr
Buchstaben drin als Sterne am Himmel."

Wie viele Buchstaben hat
„Einschwein"?
Und wie viele Buchstaben zählst du
bei deinem eigenen Namen?

Papa muss lachen. „Lies doch immer nur einen Buchstaben vor. Und dann noch einen."
„Na gut." Einschwein liest jeden Buchstaben
einzeln vor. „H-i-l-l-a l-e-b-t-e m-i-t i-h-r-e-r
M-u-t-t…" Plötzlich klappt es das Buch zu.
„Wusstet ihr, dass Lesen hungrig macht?",
fragt es. Sein Horn leuchtet auf, und es zaubert duftende Kekse. Ein A und ein B und
ein C fallen zu Boden. Weitere Buchstaben
rieseln hinterher.

Emmi legt aus den Buchstaben E-M-M-I.
Aber Papa will keine Kekse essen. Er sieht
ein wenig ärgerlich aus.

„Danke für die Überraschung, Papa. Aber
Lesen ist nichts für mich", sagt Einschwein
fröhlich.

Papa schnauft. „Dann bringst du das Buch
aber selbst zurück", sagt er.

Einschwein schiebt das Buch in seine große
Tasche. „Mach ich, Papilein. Gleich morgen."
Es lacht, und da ist Emmi auch froh. Sie
denkt, dass Lesen vielleicht wirklich nichts
ist für ihr Fabelwesen.

„Und jetzt machen wir wieder Ferien", sagt
Einschwein.

2. Müde am Montag

Papa hat als Fabelwesen einen Drachen. Er ist groß, blau und sehr lieb. Er heißt Henk und kann fliegen. Am nächsten Tag fliegt Henk mit Emmi und Einschwein in die Bücherei. Emmi liebt es, zu fliegen. Die Stadt sieht ganz winzig aus von oben.

Der Drache landet vor der Bücherei. „Ich warte hier auf euch." Er rollt sich gemütlich zusammen und holt seinen neuen Comic hervor.

Die Bücherei von Wichtelstadt ist alt und sehr schön. Emmi kennt sich hier gut aus.

Warst du schon mal in einer Bücherei? Hat es dir gefallen?

„In der Bücherei darf man nicht rennen, toben oder laut sein", erklärt sie ihrem Schwein. „Und auch kein Essen zaubern."

„Ui", sagt Einschwein. „Was darf man denn hier?"

„Lesen", sagt Emmi.

„Ausgerechnet", sagt Einschwein.

Sehr langsam tippelt es hinter Emmi die Treppe hoch. Sie gehen in den Raum mit den Kinderbüchern. Dort holt Einschwein das Buch aus seiner Tasche.

Da hören sie ein Jammern: „Oh. Oh, nein! So etwas! Uiuiui!"

Nanu? Woher kommen die Geräusche? Emmi und Einschwein suchen die Regale ab. Ganz oben auf einem Buch entdecken sie eine Froschdame. Sie heißt Bällchen und ist das Fabelwesen von Frau Balli. Die beiden arbeiten in der Bücherei. Aufgeregt zeigt Bällchen auf die Bücher.

„Die Kinderbücher sind alle durcheinander. Das war bestimmt wieder dieser freche Rüpel-Elf. Er war vorhin hier."

Vor lauter Aufregung plustert sie sich

zu einer Kugel auf. Das ist nicht gut, weiß Emmi. Denn aus Bällchens Mund schießen blaue Kugeln, wenn sie sich aufregt. Papa hatte das Blau schon mal an seiner Nase, und es klebte wochenlang fest.

Emmi nimmt die Froschdame auf die Hand. „Sollen wir dir helfen?", fragt sie.

„Au ja!", ruft Einschwein und lacht. „Dann sind wir Bällchens beste Bücherhelfer!" Sofort beruhigt sich Bällchen. „Danke, danke, danke!", sagt sie und umarmt Emmis Finger, weil sie zu klein ist, um Emmi ganz zu umarmen.

Sie erklärt, dass die Bücher nach dem ABC geordnet sein sollen. Ganz vorn stehen die Bücher mit A, dann kommen die Bücher mit B und C. Aber im Moment stehen sie kreuz und quer. „Wir müssen sie sortieren."

Einschwein zuckt mit den Schultern. „Ich

kann leider nicht lesen. Und das ABC kann ich mir auch nicht merken."

Da hat Emmi eine Idee: „Zaubere doch ABC-Kekse", schlägt sie vor.

„Man darf in der Bücherei kein Essen zaubern, Emmilein", sagt Einschwein erschrocken.

Bällchen überlegt. „Naja, das ist ein Notfall", sagt sie. „Also her mit den Keksen."

Schon legt Einschwein los. Weil Bällchen immer noch aufgeregt ist, futtert sie den

Keks mit dem A gleich auf, und Einschwein
muss ein neues A zaubern.

Emmi legt das ganze Keks-ABC auf den Boden. „Als Erstes suchen wir die Bücher mit A."
Ein ordentliches Gerenne geht los. Sie rufen
sich zu und suchen alle Bücher, die mit A
beginnen. Auch Einschwein liest Buchtitel
laut vor, aber bei ihm dauert es ein bisschen
länger: „Aschenputtel" und „Affenbande"
und „Alles Quatsch!".

Als sie alle Bücher mit A an die richtige
Stelle geräumt haben, darf Einschwein das
A essen.

Es guckt auf das Keks-ABC. „Emmilein, jetzt
ist das B dran!", ruft es aufgeregt und rennt
wieder los. Es findet „Blaue Monster blub-

bern Blasen" und „Bettis Bett" und „Beste Piratenfreunde".

Schon bald sind sie beim M, und dann beim O. Und dann trägt Einschwein ein Buch herbei, das heißt: „Zwerge im Zauberwald". Und das ist das allerletzte Buch.

Bällchen bedankt sich glücklich. Zum Glück hat sie keine blaue Kugel geschossen.

Emmi und Einschwein gehen nach draußen. Henk ist über seinem Comic eingeschlafen und sie rütteln ihn wach.

Sie fliegen los. Als sie fast zu Hause sind, kichert Emmi: „Du, Einschwein? Wir haben vergessen, das Buch abzugeben!"

„Uha!", ruft Einschwein. „Wir sind aber dolle schusselig!" Und davon müssen sie beide lachen.

„Dann fliegen wir morgen eben noch mal in die Bücherei", sagt Emmi.

Einschwein holt das Buch aus seiner
Tasche. Es liest den Titel vor: „Schweinchen
Hilla auf großer Reise".
Dann gähnt es. „Emmilein, ich glaube,
Lesen macht müde." Es legt sich auf Emmis
Schoß und schläft sofort ein.

3. Verträumt am Dienstag

Am nächsten Tag bringt Drache Henk sie
wieder zur Bücherei. Er will draußen warten
und solange seinen Comic lesen.
Sie stapfen die Treppe nach oben, um zu
den Kinderbüchern zu gelangen.
Dort sehen sie einen Jungen. Er steckt
seinen Kopf in die Bücherregale. Es sieht
ein bisschen komisch
aus, und Emmi hört,
wie er flüstert.

Der Junge hat blonde Locken, und Emmi
kennt ihn aus der Schule. Er heißt Pit.
„Hallo", sagt sie.
„Oh, hallo Emmi!" Pit starrt sie erschrocken
an.
„Redest du mit den Büchern?", fragt Ein-
schwein.
„Nein, ich suche mein Fabelwesen", sagt
Pit leise. „Es steckt in
einem Buch fest."

Pit erzählt, dass sein Fabelwesen Platti heißt. „Er liebt Bücher. Und wenn er eine Geschichte sehr spannend findet, verschwindet er darin. Und dann muss ich ihn ewig suchen."

„Wie passt er denn da rein?", fragt Emmi.

„Er ist doch ein Papierpuk", sagt Pit. „Er ist platt."

„Platt wie ein Blatt?", fragt Einschwein und kichert.

Pit nickt.

In diesem Moment springt Bällchen heran.

„Suchst du schon wieder nach Platti?", fragt sie und plustert sich ein wenig auf.

„Nein", sagt Pit schnell.

„Dann ist ja gut", sagt die Froschdame streng. „Du weißt genau, dass das Verschwinden in Büchern hier nicht erlaubt ist."

Bällchen setzt sich hinter den Computer und

arbeitet weiter. Manchmal blickt sie zu Pit
herüber.

Emmi schlägt vor, dass sie und Einschwein
helfen, Platti heimlich zu suchen. Dann geht
es schneller.

„Au ja!", sagt Einschwein. „Ich will dolle
gern mal einen Papierpuk sehen."

„Danke!", sagt Pit. „Zurzeit liebt er Bücher
mit Pferden. Bestimmt steckt er in einem
fest."

„Aber wir können doch nicht alle Bücher durchlesen!", ruft Einschwein erschrocken. „Es reicht, wenn wir den Klappentext lesen", sagt Pit. Er erklärt, dass das der kurze Text hinten auf einem Buch ist. „Da steht drin, worum es in dem Buch geht."

Sie nehmen Bücher aus den Regalen und lesen sich diese Klappentexte durch. Wenn es um Pferde geht, blättern sie das Buch durch.

Bei Einschwein dauert es ziemlich lange, bis es den ersten Klappentext geschafft hat. In dem Buch geht es um Schiffe. Gleich schnappt es sich das nächste Buch. Darin geht es um einen Kindergarten.

Fünf Mal findet Emmi ein Buch mit Pferden, aber nie ist Platti darin. Bei Einschwein dauert es länger, weil es so langsam liest. Aber es gibt sich dolle Mühe, denn es will Platti unbedingt finden.

Auch dieses Buch hat einen Klappentext – guck mal hinten auf dem Buch.

„Pferd! Pferd!", ruft Einschwein plötzlich und schüttelt das Buch aus.

Und – wirklich! Ein kleiner Kerl fällt heraus! Er ist aus Papier und so klein, dass er gut in das Buch hineinpasst. Und er ist platt! So platt wie ein Blatt Papier.

Erstaunt blickt der kleine Papierpuk die anderen an.

„Platti!", ruft Pit. „Du sollst doch nicht immer in Büchern verschwinden!"

„Oh", sagt Platti verträumt. „Das habe ich gar nicht gemerkt."

„Wir suchen dich seit Stunden", sagt Pit streng.

„Die Geschichte war so spannend! Es geht nämlich um ein blaues Pferd. Und …"

Dann erzählt ihnen Platti die Geschichte. Einschwein lauscht gespannt.

„Darf ich bitte noch in dem Buch bleiben?", fragt Platti.

„Na gut", sagt Pit. „Dann leihen wir das Buch aus. Aber nächstes Mal sagst du mir Bescheid, bevor du in einem Buch verschwindest."

Pit bedankt sich bei Emmi. Einschwein tobt schon mit Platti fröhlich die Treppe nach unten. „Nicht toben!", ruft Bällchen ihnen hinterher.

Henk wartet draußen. Er spielt mit anderen Drachen Fliege-Fange. „Warum hat denn das so lange gedauert?", fragt er.

„Wir mussten Platti suchen", erklärt Emmi.

„Und ich hab ihn gefunden!", sagt Einschwein stolz.

Sie fliegen los. Als sie fast zu Hause sind,

kichert Emmi: „Du, Einschwein? Wir haben wieder vergessen, das Buch abzugeben!"

„Uha!", ruft Einschwein. „Wir sind aber dolle schusselig!" Und davon müssen sie beide lachen.

„Dann fliegen wir morgen eben noch mal in die Bücherei", sagt Emmi.

Einschwein holt das Buch aus Emmis Tasche. Es liest sich den Klappentext durch. Es geht um Hilla, die ihren Bruder sucht.

Eine Weile blickt Einschwein in die Wolken und stellt sich vor, was in dem Buch alles passieren mag. „Emmilein, ich glaube, Lesen macht verträumt", sagt es.

4. Viele Gefühle am Mittwoch

Als sie am Mittwoch in die Bücherei
kommen, sagt Emmi: „Heute geben wir das
Buch wirklich zurück!"
Und Einschwein nickt. „Ganz total wirklich!"
Munter laufen sie die Treppen hoch zu den
Kinderbüchern. Aufgeregt springt ihnen Bäll-
chen entgegen.

„Ein Glück, dass ihr kommt!", ruft sie und zeigt auf ein Buchodil, das neben ihr steht. Es weint dicke Tränen.

„Das Buchodil hat ein Buch gefressen", sagt Bällchen ratlos.

„Warum?", fragt Emmi erstaunt.

„Wie hat es geschmeckt?", fragt Einschwein.

„Es war bitter", schluchzt das Buchodil. „Ich war wütend, weil das Ende so traurig war. Und dann – happs! – habe ich es aufge-fressen. Und jetzt fühle ich mich auch ganz traurig."

Hast du auch schon mal ein trauriges Buch gelesen? Oder ein sehr lustiges?

Unglücklich plumpst das Buchodil auf den Boden. Bällchen sieht zu Emmi und Einschwein. „Ich weiß nicht, wie ich es beruhigen soll."

Freundlich legt Einschwein dem Buchodil einen Huf auf den Rücken. „Spuck das Buch doch wieder aus."

„Das geht nicht", sagt das Buchodil. „Gefressen ist gefressen."

Einschwein nickt.

„Oder du frisst noch ein Buch mit einem schönen Ende hinterher", schlägt es vor. Die kleine Froschdame stemmt die Arme in die Hüften.

„In meiner Bücherei werden keine Bücher gefressen!"

„Aber sonst weint das Buchodil ja immer weiter", sagt Einschwein.

„Ja! Genau!", heult das Buchodil auf.

„Na gut", sagt Bällchen. „Ausnahmsweise."

Weil Bällchen arbeiten muss, suchen Emmi und Einschwein nach einem Buch mit einem schönen Ende.

Welches Ende von einem Buch/Film hat dir ganz besonders gut gefallen?

Sie setzen sich zusammen in die Leseecke
und lesen die Enden von Büchern durch.
Manche Enden sind klug und manche trau-
rig. Manche sind ernst, und viele Bücher
haben kein richtiges Ende.
Einschwein gibt sich solche Mühe beim
Lesen, dass es leise vor sich hingrunzt.
„Hier!", ruft es plötzlich. „Das hier … ist

richtig schön!" Sehr langsam liest es das Buchende vor. Es geht um zwei Hunde, die sich um einen Ball streiten. Am Ende merken sie, dass man zusammen viel besser Ball spielen kann. Da haben sie sich wieder lieb und toben lustig zusammen herum.

„Das war schön", sagt das Buchodil. Einschwein hält ihm das Buch hin. „Lass es dir schmecken!", sagt es.

Tatsächlich – das Buchodil verschlingt das Buch mit wenigen Happsen. Dann strahlt es. „Jetzt geht es mir besser. Danke, ihr beiden!"

Sie machen sich alle zusammen auf den Weg nach Hause, denn es ist schon spät.

Vor der Bücherei wartet schon Henk auf
sie. „Das hat ja wieder gedauert", murrt der
Drache.

„Wir mussten ein schönes Ende finden", erklärt Einschwein.

„Ach so", sagt Henk, und sie fliegen los.
Bällchen und das Buchodil winken ihnen
hinterher.

Als sie fast zu Hause sind, kichert Emmi:
„Du, Einschwein? Wir haben wieder vergessen, das Buch abzugeben!"
„Uha!", ruft Einschwein. „Wir sind aber dolle
schusselig!" Und davon müssen sie beide
lachen.
„Dann fliegen wir morgen eben noch mal in
die Bücherei", sagt Emmi.
Einschwein holt das Buch von Schweinchen
Hilla aus der Tasche. „Ich frage mich, ob das
Buch ein gutes Ende hat oder ein schlech-
tes", sagt es. „Emmilein, ich glaube, Lesen
macht viele Gefühle. Traurige und glück-
liche, lustige und aufgeregte."
Da nickt Emmi, denn das glaubt sie auch.

5. Gemütlich am Donnerstag

Am nächsten Tag landet Henk wieder vor
der Bücherei. „Aber heute beeilt ihr euch
wirklich", sagt er. „Ich habe einen Termin
beim Zahnarzt."
Einschwein nickt. „Klar. Wir geben das Buch
ab und zack – weg!", sagt es.
Sie betreten die Bücherei und hopsen die
Treppe nach oben zu den Kinderbüchern.
In der Leseecke sitzt eine Katze. Sie winkt
ihnen zu. „Hallo! Kommt mal zu mir herüber", ruft sie.

Kleine Wette: Glaubst du, dass Emmi
und Einschwein heute daran denken,
das Buch abzugeben?

Verwundert gehen Emmi und Einschwein zu ihr hin. Die Katze macht es sich gerade unter einer Wolldecke gemütlich. „Kraulen, bitte", sagt sie zu Emmi.
Und da krault Emmi die Katze hinter den Ohren.
„Von mir aus kann es losgehen", sagt die Katze zu Einschwein.

„Was denn?", fragt Einschwein.

„Das Vorlesen natürlich. Ich bin doch eine Lesekatze."

„Vorlesen? Das kann Emmi machen", sagt Einschwein.

„Nein, nein", sagt die Katze. „Emmi krault mich gerade so schön. Du musst lesen."

„Aber ich kann fast gar nicht lesen", sagt Einschwein.

„Das macht nichts", sagt die Katze. Und dann blickt sie ganz lieb drein. „Bitte, bitte!"

„Ich lese ganz dolle langsam", sagt Einschwein.

„Ich hab Zeit", sagt die Katze und rollt sich
auf Emmis Schoß ein. „Hach, ist das fein."

„Du lachst mich bestimmt aus", sagt Einschwein.

„Ich lache nie jemanden aus", sagt die Lesekatze. „Und nun lies bitte. Ich will es endlich
so richtig schön gemütlich haben."

Aus einem Körbchen holt sie eine Kanne
und drei kleine Tassen, dann gießt sie Tee
für alle ein. Freundlich blickt sie Einschwein
an.

Zögernd holt Einschwein das Buch aus seiner Tasche. Es liest den Anfang vor.

„Hilla lebte mit ihrer Mutter und ihrem Bruder in einer Hütte …"

Dann hört es wieder auf. „Findest du es nicht langweilig, dass ich so langsam vor-lese?", fragt es.

Aber die Lesekatze findet, dass Einschwein sehr schön vorliest. Da ist Einschwein ein bisschen stolz und liest weiter vor. Die Katze schnurrt und lauscht.

Kennst du auch jemandem, dem du so richtig gut vorlesen kannst? Wie wäre es mit deinen Kuscheltieren?

Nachdem Einschwein zwei Seiten geschafft hat, ist es hungrig und zaubert ABC-Kekse für alle. Die Katze bietet Tee an. Dann liest Einschwein wieder eine Seite. Und dann noch eine.

Gerade, als das erste Kapitel zu Ende geht, schallt es durch die Bücherei: „Emmi! Einschwein!"

Das ist Drache Henk! Auweia! Die beiden springen auf. Im Losrennen winken sie der Lesekatze zu.

„Danke fürs feine Vorlesen", ruft sie. „Lies mir bald mal wieder was vor."

„Mach ich!", ruft Einschwein.

Henk stapft ungeduldig vor dem Eingang herum. „Ich muss doch zum Zahnarzt!"

„Entschuldigung", sagt Emmi.

„Ich habe der Lesekatze was vorgelesen",

erklärt Einschwein. „Weil ich ja schon ein bisschen lesen kann."

Emmi lächelt ihr Fabelwesen an und merkt, dass es sehr stolz ist.

Sie fliegen los. Als sie fast zu Hause sind, kichert Emmi: „Du, Einschwein? Wir haben wieder vergessen, das Buch abzugeben!"

„Uha!", ruft Einschwein. „Wir sind aber dolle schusselig!" Und davon müssen sie beide lachen.

„Dann fliegen wir morgen eben noch mal in die Bücherei", sagt Emmi.

„Na toll", sagt Henk.

Einschwein holt das Buch von Schweinchen Hilla aus der Tasche. Es lehnt sich an Emmi an. „Du, Emmilein, ich glaube, Lesen macht gemütlich."

Und dann liest es das zweite Kapitel vor, während sie nach Hause fliegen.

6. Mutig am Freitag

Am Freitag landet der Drache wieder vor der Bücherei. „Bringt ihr mir einen neuen Comic mit? Ich habe meinen ausgelesen", sagt er. „Klar, machen wir", sagt Einschwein, dann hopst es munter in die Bücherei. Es springt die Treppe nach oben und nimmt immer zwei Stufen auf einmal.
Emmi hüpft hinterher. „So, Einschwein, jetzt geben wir endlich dein Buch ab", sagt sie fröhlich.

Magst du Comics? Was ist an Comics anders als an Kinderbüchern?

Einschwein holt das Buch aus der Tasche.
„Eigentlich klingt es ja ziemlich spannend",
sagt es. „Du, und wenn ich es wieder mit
nach Hause nehme?"
„Aber wir sind doch extra hier, weil du es zu-
rückgeben willst", sagt Emmi.
„Ja, na ja, aber …", sagt Einschwein. Weiter
kommt es nicht, denn jemand zieht kräftig an
dem Buch.

Emmi sieht nach unten. Eine kleine Hand
hält das Buch fest. Schwupp – schon wird es
unter den Tisch gezogen.

Emmi und Einschwein bücken sich. Unter
dem Tisch sitzt eine kleine Fee. Ihr Kleid ist
aus einer Buchseite gefaltet, und auch ihre
Flügel bestehen aus Papier.

Ach du je! Emmi weiß, dass es eine Bücherfee ist. Die klauen gern anderen Leuten die
Bücher, die sie gerade lesen.

„Gib mal das Buch zurück. Das will ich noch lesen!", sagt Einschwein.

„Nö", sagt die Bücherfee und fängt an, darin zu lesen.

Doch da greift noch jemand nach dem Buch. Es ist ein Bücherwurm! Die Bücherfee gibt ihm einen Klaps. Aber wenn man einem Bücherwurm ein Buch wegnimmt, beißt er. Und das versucht er jetzt auch.

Die beiden zerren am Buch. Inzwischen kommt noch eine Ratte dazu. „Her mit dem Buch!", sagt sie, und zieht ebenfalls daran.

„Eine Leseratte!", seufzt Emmi.

Wenn Leseratten einmal ein Buch anfangen, können sie nicht mehr aufhören, bis sie fertig sind. Man darf sie nicht unterbrechen, sonst bekommen sie einen Wutanfall.

Nun ziehen alle drei am Buch. Und schon ist eine richtige Buch-Prügelei im Gange. Bällchen kommt dazu. Als sie die Prügelei sieht, regt sie sich so auf, dass sie ganz dick und rund wird. Und dieses Mal passiert es. Aus ihren Mund ploppt eine blaue Kugel. Diese landet auf Einschweins Horn, und das Horn wird blau.

Die Froschdame entschuldigt sich. „Es tut mir so leid!", ruft sie aus.

„Ist nicht so schlimm", sagt Einschwein, weil es wirklich ein nettes Schwein ist.
Doch die drei kleinen Fabelwesen zerren noch immer an dem Buch. Und niemand will loslassen.

„Nun reicht es!", ruft das Schwein mutig.
„Ich brauche das Buch selbst. Ich will es ja
noch lesen."
Emmi flüstert Einschwein etwas ins Ohr.
Das Schwein nickt. Schnell stellt es sich vor
die wild gewordenen Lese-Fabelwesen hin.
Schon leuchtet sein Horn auf, dieses Mal
ganz in Blau.
ABC-Kekse rieseln von der Decke zu Boden.

Sie duften lecker. „Wollt ihr mal eure Namen schreiben?", schlägt Emmi vor.
Die Buch-Fabelwesen lassen das Buch los.
Begeistert stürzen sie sich auf die Kekse.

Schnell schnappt sich Einschwein das Buch, und die beiden stürmen zur Tür.
„Nicht rennen!", ruft ihnen Bällchen nach.

Fallen dir noch mehr Fabelwesen ein, die sich für Bücher interessieren?

„Wir rennen nicht, wir hopsen!", ruft Einschwein zurück.

Nun wundert sich Drache Henk, dass sie so
schnell wieder da sind. „Ihr habt ja heute gar
nicht gebummelt", sagt er erstaunt.

Sie fliegen los. Als sie fast zu Hause sind,
kichert Emmi: „Du, Einschwein? Wir haben
vergessen, einen neuen Comic für Henk
auszuleihen!"

„Uha!", ruft Einschwein. „Wir sind aber
dolle schusselig!" Und davon
müssen sie beide lachen.

„Dann fliegen wir eben am Montag noch mal in die Bücherei", sagt Emmi.
Sie erzählen Henk von der Buch-Prügelei.
Und wie Einschwein das Buch gerettet hat.
Der Drache lacht. „Ich glaube, Lesen macht mutig."

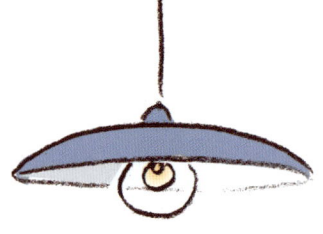

7. Lustig am Sonnabend

Am Sonnabendmorgen gehen Emmi und
Einschwein zu Papa in die Küche. Er bereitet
gerade das Frühstück vor.
Die beiden kichern.
Einschwein hält seine Hufe hinter den
Rücken. „Wir haben eine Überraschung für
dich."

„Eine Überraschung?" Nun ist Papa mächtig
neugierig. „Was ist es?"
Fröhlich holt Einschwein das Buch von
Schweinchen Hilla hervor.
Papa wundert sich. „Hast du das Buch noch
nicht zurückgebracht?", fragt er.
„Doch, Papa", sagt Einschwein. „Sogar
schon fünf Mal."
Papa versteht das nicht. „Aber warum hast
du es jetzt wieder?"
„Weil ich aus Versehen lesen gelernt habe."
Einschwein lacht.
„Aus Versehen?" Nun lacht auch Papa.
„Ganz ohne Üben!", ruft Emmi stolz.

Kannst du denn schon ein bisschen
lesen? Oder magst du auch nicht
so gern Lesen üben?

Glücklich wirft Papa
Einschwein in die Luft.
„Hoch lebe unser Lese-
Schwein!", ruft er. Und
dann ruft Emmi es auch.
Einschwein quiekt munter.
„Du, Emmilein, ich glaube,
Lesen macht lustig!", ruft es.
Dann laden sie Papa in ihre Höhle ein. Zu
dritt kriechen sie hinein.
„Guckt mal", sagt Einschwein. „Mein Horn
ist eine Lampe!"
Und wirklich. Weil Bällchen eine blaue
Kugel an Einschweins Horn geschossen hat,
leuchtet das Horn im Dunkeln.

„Jetzt können wir in der Höhle lesen", stellt
Emmi fest. Sie machen es sich gemütlich.
Einschwein liest den anderen ein bisschen
vor, und danach liest Papa etwas vor.
Am Mittag haben sie das Buch von Hilla,
dem Schweinchen, ausgelesen. Einschwein
gefällt das Buch richtig gut.

MIX
Papier aus verantwor-
tungsvollen Quellen
FSC
www.fsc.org
FSC® C002795

1. Auflage
© 2020 Verlag Friedrich Oetinger GmbH,
Max-Brauer-Allee 34, 22765 Hamburg
Alle Rechte vorbehalten
© 2020 Anna Böhm (Text)
© 2020 Susanne Göhlich (Illustration)
Einband- und Reihengestaltung von Andrea Pieper
Druck und Bindung: Livonia Print SIA,
Ventspils iela 50, LV-1002, Riga, Lettland
Printed 2020
ISBN 978-3-7512-0010-3

www.oetinger.de